MEMORIES OF
THE UNKNOWN

Rutger Kopland

MEMORIES OF
THE UNKNOWN

Translated from the Dutch
and with an Introduction by
James Brockway

With a Foreword by
J. M. Coetzee

THE HARVILL PRESS
LONDON

This edition first published in Great Britain in 2001 by
The Harvill Press
2 Aztec Row, Berners Road
London N1 0PW

www.harvill.com

1 3 5 7 9 8 6 4 2

This edition has been published with the financial
support of the Stephen Spender Memorial Trust and of the
Foundation for the Production and Translation of Dutch Literature

A CIP catalogue record is available from the British Library

ISBN 1 86046 895 0

Designed and typeset in Trinité
at Libanus Press, Marlborough, Wiltshire

Printed and bound in Great Britain by
Butler and Tanner Ltd at Selwood Printing, Burgess Hill

INHOUD   CONTENTS

FOREWORD

In his poem "I Cavalli di Leonardo", Rutger Kopland imagines Leonardo da Vinci sitting down to analyse the muscular system of the horse and thus work out how horses move. He performs dissection upon dissection, sketching on paper first the gross muscles of the limbs, then, in hair-fine pencil lines, the close detail of the outer ear, the eyelid, the nostrils. At a certain moment Leonardo comes to the realization that his procedure of rational analysis and description is bringing him no closer to seeing how a horse is put together: under his pencil-point the secret of the horse continues to spread.

Like Leonardo, Kopland is an artist who does not regard the world-view of the scientist as inherently shallow or misguided. "I am an objectivist and a materialist," he writes in what amounts to a poetic credo. But what does it avail us to be objectivists and materialists once we have recognized that there is something in the constitution of the horse, and perhaps of the whole of the natural world, that withholds itself from the scientific gaze? Are there ways of broadening the gaze without compromising the standards that define the scientific outlook?

One answer is for the scientific observer to learn from the artist. Still life painters, for instance, spend weeks, months, years simply looking at things – a bowl of fruit, a vase of flowers – giving to these objects their respect and undivided attention, calling upon their inherited craft for modes of investigation, remaining continually alive to the moment when the limits of representation are reached and the mystery of the thing itself emerges, then making of this moment (paradoxically) the fulcrum on which the artwork turns. (This happens to be how Kopland's Leonardo poem works.)

Things do not speak to us about themselves, says Kopland, except to affirm "that they have always been there, are there, and will always be there, and thus to say, about ourselves, that we are made up of time". From the 1980s onward, time and transience become more and more the centre of Kopland's concern. Memories of childhood grow sharper, of a childhood when there was no consciousness of passing time, of birth and death, of existence and inexistence – in other words, when the child shared the same kind of consciousness that the natural world has of itself. For this vanished past Kopland utters no breath of nostalgic longing – he is too stoical for that – just a sadness that the world must be as it is, a sadness that is an ineluctable part of living in the world and loving the world and knowing you must leave it behind.

There are moments when Kopland draws back from the hard line materialist position that the world is just a collection of atoms held in place by physical forces, and becomes a pantheist of sorts, accepting that all things are soul-laden. "We are part of the earth and the earth is part / of ourselves, the flower our sister, the horse our brother," he writes, in words that recall the great elegiac utterances of Native Americans. Where human beings differ from other beings is that in the gaze of the non-human "everything is seen and everything forgotten", whereas we are creatures of time and therefore of memory, which at its most intense can be a form of love.

We bear within us, each of us, a freight of memories of things that have already turned to dust – a squeaky see-saw in a playground somewhere in the province of Drente in the 1930s, a lion on a roundabout with a rusty saddle on its back – memories that will perish forever from the earth unless someone, some one of us, continues to hold them in store. Chief among these are memories of our selves from the time when we lived as children outside time. Until the day arrives when we are the last person on earth to remember that see-saw, that lion, when there is no one left to share them with save the intimate dead, with whom our truest conversations begin to take place. Death, from this viewpoint, is not then an extinction of the self – that is not important, it happens to each of us – but the extinction of a beloved world.

J. M. Coetzee

INTRODUCTION

When, in 1982, I made the acquaintance of Rutger Kopland's poetry, the poet had been publishing collections since 1966 and already enjoyed a considerable reputation in Holland. His seventh collection had just appeared and his others had gone into several impressions. He had become that rare creature, a popular serious poet. I could not have foreseen that his reputation would grow and grow. In 1998 he was awarded what had been the Dutch State Prize for Literature, the P. C. Hooft Prize, and this was not the only distinction to have fallen his way. Prose works of his appeared in various forms, including collections of his essays on poetry. At the same time, the poet is well-known as Rutger H. van den Hoofdakker, the Emeritus Professor of Psychiatry at Groningen University, with further titles to his name in that field.

Nor did I foresee that the acceptance of translations of two modest poems from his early work by the poet Michael Blackburn, then poetry editor of Jon Silkin's admired poetry quarterly, *Stand*, would lead to further contributions to several other British poetry magazines, notably Alan Ross's *London Magazine*, Patricia Oxley's *Acumen* and Michael Mackmin's *The Rialto*. Something of his appeal was also reflected by acceptance in magazines of a more general nature, such as the *Spectator* and the *Listener*.

It was Michael Blackburn who was the first to produce a Kopland collection in Britain. This was in 1987, when the pamphlet *The Prospect and the River*, was published by the pioneering Jackson's Arm, the poetry division of Blackburn's Sunk Island Publishing Press. This edition presented my translations of a number of the rather longer Kopland poems – a long poem in his case rarely exceeding, or even reaching, much more than thirty lines.

Blackburn's pioneering gesture was followed in 1991 by Stephen Stuart-Smith at Enitharmon, which published a full-length selection of translations from the first nine of the Dutch poet's collections. The critical reception was surprisingly warm for a poet from a language area in which little literary interest had ever been shown in Great Britain in the world outside the universities, and even there, interest was of a limited extent, largely excluding the contemporary, however active and alive this was in Holland itself.

In 1995, I reprinted ten of the Kopland poems from the Enitharmon edition (one was new) in an anthology of translations from the poetry of eight twentieth century Dutch poets, ranging from the 1920s to the 1990s, entitled *Singers Behind Glass*, a further enterprise of Blackburn and his Jackson's Arm publishing division. Both *A World Beyond Myself* and *Singers Behind Glass* were very positively reviewed in Britain, where Kopland was hailed as an exceptionally gifted poet, and such a reaction was certainly merited. Then, in 1996, Vintage Books of New York used five Koplands in its anthology, *The Vintage Book of Contemporary World Poetry*, making Kopland at last "a world poet". Outside Britain, Kopland's work has been published in magazines and anthologies in many countries and has been translated into various languages. A collection of his work was published in the USA as early as 1977, in a translation by Ria Leigh-Loohuizen: *An Empty Place to Stay and other selected poems*. Selections have also appeared in France, Israel and Poland.

In this latest selection the emphasis has been laid on the more recent work, from the poet's tenth collection in Holland, *Patient Instrument* (1993), and the eleventh, *Until It Lets Us Go* (1997). A sprinkling of poems from former collections has been added to give the English reader some idea of the earlier, often rather more anecdotal, poetry and its parlando tone that has made Kopland so popular in Holland, where new editions go into numerous impressions within a few years. In 1999, his publisher issued a fine paper Collected Edition on the occasion of the poet's 65th birthday.

Translating Kopland's poetry into English has become a habit for me and is not as easy or as difficult as it may seem, provided one remembers to pay close attention to cadence and never to attempt to stray off on one's own. It is a poetry utterly devoid of rhetoric, which poses questions without supplying answers, as Kopland believes poetry must do. Unless, of course, the reader discovers those answers in the course of his reading. It is a poetry that has always been written in a simple language that is not simple at all, but often leaves one guessing. A Kopland poem is instantly recognizable as a Kopland poem. It is international, Dutch and English at the same time, and even when anecdotal, universal in its themes. Gradually, as the work has progressed over the years, a bond has grown between the two of us which has become a source of spiritual riches and which has enriched my life.

James Brockway (1916–2000)
Knight in the Order of the Lion of The Netherlands

MEMORIES OF
THE UNKNOWN

EEN PSALM

De grazige weiden de rustige wateren
op het behang van mijn kamer
ik heb geloofd als een bang kind
in behang

als mijn moeder voor mij gebeden
had en mij weer een dag langer
vergeven was bleef ik achter
tussen roerloze paarden en koeien
te vondeling gelegd in een wereld
van gras

nu ik opnieuw door gods landerijen
moet gaan vind ik geen schrede
waarop ik terug kan keren, alleen
een kleine hand in de mijne
die zich verkrampt als de geweldige lijven
van het vee kreunen en snuiven
van vrede.

A PSALM

The green pastures the still waters
on the wallpaper in my room –
as a frightened child I believed
in wallpaper

when my mother had said prayers for me
and I had been forgiven for one day more
I was left behind among
motionless horses and cattle,
a foundling laid in a world
of grass

now that once again I have to go
through god's pastures I find no path
to take me back, only a small hand
clasped in mine that tightens
when the enormous bodies
of the cattle grunt and snuffle
with peace.

ONDER DE APPELBOOM

Ik kwam thuis, het was
een uur of acht en zeldzaam
zacht voor de tijd van het jaar,
de tuinbank stond klaar
onder de appelboom

ik ging zitten en ik zat
te kijken hoe de buurman
in zijn tuin nog aan het spitten
was, de nacht kwam uit de aarde
een blauwer wordend licht hing
in de appelboom

toen werd het langzaam weer te mooi
om waar te zijn, de dingen
van de dag verdwenen voor de geur
van hooi, er lag weer speelgoed
in het gras en verweg in het huis
lachten de kinderen in het bad
tot waar ik zat, tot
onder de appelboom

en later hoorde ik de vleugels
van ganzen in de hemel
hoorde ik hoe stil en leeg
het aan het worden was

gelukkig kwam er iemand naast mij
zitten, om precies te zijn jij
was het die naast mij kwam
onder de appelboom, zeldzaam
zacht en dichtbij
voor onze leeftijd.

UNDER THE APPLE TREE

I came home, it was about
eight and remarkably
close for the time of the year,
the garden seat stood waiting
under the apple tree

I took my place and sat
watching how my neighbour
was still digging in his garden,
the night came out of the soil
a light growing bluer hung
in the apple tree

then slowly it once again became
too beautiful to be true, the day's
alarms disappeared in the scent
of hay, toys again lay
in the grass and from far away in the house
came the laughter of children in the bath
to where I sat, to
under the apple tree

and later I heard the wings
of wild geese in the sky
heard how still and empty
it was becoming

luckily someone came and sat
beside me, to be precise it was
you who came to my side
under the apple tree,
remarkably close
for our time of life.

IN HUIS VERLOREN

Onze verwekker heeft zijn nageslacht
voorgoed verlaten, mijn broeders H en
J en ik korten de nacht in de zware
fauteuils voor de visite, in de duistere
suite zijner gedachtenis.

Maar god zij dank liet hij een kist
sigaren achter in zijn huis,
de kelder staat vol drank,
wij krijgen kracht naar kruis.

Ik kwam hem, zeg ik, tegen
deze avond, niet echt maar heviger
en vriendelijker dan vroeger, hij
groette haastig, ging zijn eigen
weg, kamers in en uit als wilde
hij nog eenmaal door zijn huis
voor hij het afsloot tegen
de naderende nacht.

Zo leeft en vergaat in woorden, rook
en glas een vader, tastbaar als de as
op onze uitstekende kostuums maar
evenzeer verloren onherhaalbaar
is de kindertijd. Here zegen
onze vergetelheid.

LOST IN THE HOUSE

Our begetter has left his descendants
for ever. My brothers and I
shorten the night in the heavy armchairs
reserved for guests, in the dark
suite of his memory.

But thank god he left a box
of cigars in the house,
the cellar's full of drink,
we're granted strength to bear our cross.

I bumped into him this evening, I say,
not the real him – more vigorous
and friendlier than before.
He greeted me hastily and went on his way,
in and out of rooms, as though he wanted
to go the rounds of his house
once more, before bolting it off
from the advancing night.

So lives and dissolves in words, smoke
and glass, a father, tangible as the ash
on our Sunday suits, but as lost,
as irrecoverable,
is our childhood. Lord bless
our forgetting.

JOHNSON BROTHERS LTD

Vroeger toen mijn vader nog groot was,
in de uitpuilende zakken van zijn jas
gevaarlijk gereedschap, in zijn pakken
de geuren van geplozen touw en lood,
achter zijn ogen de onbegrijpelijke wereld
van een man, een gasfitter eerste klas
zei moeder, hoe anders heb ik mij moeten
voelen vroeger toen hij de deuren sloot
voor haar en mij.

Nu is hij dood, ben ik ineens zo oud als
hij, blijkt tot mijn verbazing dat ook in hem
verval was ingebouwd. In zijn agenda zie ik
afspraken met onbekenden, aan zijn muur
kalenders met labyrinten van gasleidingen,
op de schoorsteenmantel het portret van
een vrouw in Parijs, zijn vrouw, de onbegrijpelijke
wereld van een man.

Kijkend in het porseleinen fonteintje uit
de dertiger jaren met de twee lullige leeuwen:
Johnson Brothers Ltd, hoog in het dood-
stille huis het droevige sloffen van moeder,
jezus christus vader, komen de tranen
om nu en om toen, vloeien ze samen
in het lood van de zwanenhals,
niet meer te scheiden van de druppels
uit het koperen kraantje met cold.

JOHNSON BROTHERS LTD

In those days when my father was still big,
dangerous tools in the bulging pockets
of his jacket, in his suits the odours
of teased-out twine and lead,
behind his eyes the incomprehensible world
of a man, gas-fitter, first class,
said mother, in those days how different
my feelings were, when he would shut the doors
on her and me.

Now he is dead and I am suddenly as old as he,
it turns out to my surprise that he too had
decay built into him. In his diary I see
appointments with persons unknown, on his wall
calendars with gas-pipe labyrinths,
on the mantelpiece the portrait of a woman
in Paris, his woman, the incomprehensible
world of a man.

Looking into the little hand-basin of porcelain
dating from the 'thirties, with its silly pair of lions,
Johnson Brothers Ltd, high up in the dead-still
house the shuffle of mother's slippers,
Jesus Christ, father, here come the tears
for now and for then – they flow together
into the lead of the swan-neck pipe,
no longer separable from the drops that come
from the little copper tap marked "cold".

DE MAN IN DE TUIN

We denken dat de dieren weer begonnen zijn
te spreken. Het was weer mis met hem.

Hij zat op zijn stoel in de tuin, we moesten
hem voeren, pinda's en pils. We hielden van

hem, maar ons leven met elkaar was mislukt,
zo lang wij elkaar kenden al was hij bezig

de doden op te graven, maar hoe goed en lief
ze waren, dat moesten we steeds vaker horen.

Herinneringen gelukten hem eindelijk, alles
was tenslotte goed gegaan, hij lachte blij

als een kind, het was voor ons niet om aan
te zien, zo jong nog en dan al zo oud.

En zoals de honden janken als hun baas
weggaat, zo jankten wij, toen hij wegging,

nieuwe avonturen tegemoet.

THE MAN IN THE GARDEN

We think the animals have begun to speak again:
things had gone wrong with him once more.

He would sit in his chair in the garden and we
had to feed him. Peanuts and Pilsner. We loved him,

but our life together had been wrecked:
as long as we had known each other he'd been

at work digging up the dead. How good and kind
they were! We had to hear that more and more.

Now in his memories it was all success, everything
after all had gone well, he laughed as happy

as a sandboy. We couldn't bear to see it:
so young still and yet so old.

And just as dogs will whine when their boss
leaves home, so we whined when he left us,

en route to new adventures.

TEGEN HET KRAKENDE HEK

Zo stonden wij tegen het krakende hek,
zo buiten de wereld als paarden.

Het was weer aarde, gier en soir de
paris, een avond van waar en wanneer.

In mij kwamen vergeten regels omhoog,
zachte op nacht rijmende landerijen,

maar jij fluisterde: hier, hier is het
het fijnste, waar je nu bent, waar je nu

bent met je handen. Zo lagen we tegen
de aarde en tegen elkaar, terwijl het hek

kraakte tegen de opdringende paarden.

AGAINST THE CREAKING GATE

And so we stood against the creaking gate,
as out of this world as horses are.

Again it was earth, muck, soir de paris,
an evening of where and when.

Forgotten verses surfaced inside me,
faint pastures, gentle, rhyming with night

but you whispered: here, here it is
best, where you are now, where you are

with your hands. And so we lay pressed
to the earth and to each other, while the gate

creaked with the restive horses.

GEEN ANTWOORD

Geef mij maar de brede, de trage rivieren,
de bewegingen die je niet ziet maar vermoedt,
de drinkende wilgen, de zinloze dijken,
een doodstille stad aan de oever.

Geef mij maar de winter, het armoedige
landschap, de akker zonder het teken van
leven, de kracht van krakende heide.

Geef mij maar de kat als hij kijkt voor
hij springt, om te vechten, te vluchten,
te paren , te jagen, als hij kijkt.

Geef mij maar een paard in galop, maar
op zijn zij in het gras. Geef mij

maar een vraag en geen antwoord.

NO REPLY

Give me the broad, the languid rivers,
the movements you do not see but sense,
the drinking willows, the aimless dykes,
a dead-still town along the shore.

Give me the winter, the wasted landscape,
the field bereft of a sign of life,
the resilience of the crackling heather.

Give me the cat as he looks before
he leaps, leaps to fight, leaps to flee,
to mate or to hunt. As he looks.

Give me a horse in full gallop, but
on his side in the grass. Give me

a question, no reply.

EEN LEGE PLEK OM TE BLIJVEN

Ga nu maar liggen liefste in de tuin,
de lege plekken in het hoge gras, ik heb
altijd gewild dat ik dat was, een lege
plek voor iemand, om te blijven.

AN EMPTY SPOT TO STAY

Go now into the garden, dear, and lie
in an empty spot where the grass grows tall.
That's what I've always wanted to be,
an empty spot for someone, to stay.

ZE WACHT

Ze wacht met oude thee en oude handen,
ik hou van haar, maar zonder veel

dorst en heimwee. Liefde is het einde
van een zachte dag, alleen de rode

lucht blijft over, de zon is onder. Ze
wacht en met de schemer komt de kat.

Hij duwt zijn koude rug tegen haar handen,
niet om haar, maar om zijn vacht.

SHE WAITS

She waits with cooling tea and ageing hands,
I love her, yes, but not with much

thirst or longing. Love is the end
of a quiet day, only the red in the sky

remains, the sun has set. She waits
and with the twilight comes the cat.

He thrusts his chilly back against her hands,
not for her sake, but for his fur's.

LANGZAAM DRUPPELEN ONZE NAMEN

Boven het dak buigen de bomen zich
nog krom als grootmoeders boven een bed.

Als wij door de kamers lopen mompelt
en zucht het vage gebeden en verhalen.

Langs de beslagen ramen druppelen
onze namen langzaam naar beneden.

Hier woonden wij en zullen wij
niet meer komen.

SLOWLY, IN DROPS

Over the roof the trees still bend
as bowed as grandmothers over a bed.

As we walk the rooms there's a muttering,
a sigh, a mumbling of prayers and stories.

Slowly, in drops, our names drip down
over the steamed-up window panes.

Here we have lived and here
we shall not come again.

WIE?

Wie zal de vriend zijn van mijn vriendin,
de baas voor mijn hond, het kind in mijn jeugd,
de oude man bij mijn dood, wie zal dat zijn als
ik het niet ben? Jij? Ach kom, jij bent niets

dan twee ogen, die zien wat ze zien, jij
bent niets dan het uitzicht: een zon schijnt,
een appelboom bloeit, een stoel staat in
het gras; vreugde, verdriet, weet jij veel,

uitzicht. Maar wie zal mijn liefste grijs en
ziek laten worden, er voor zorgen dat de hond
jankt, het kind huilt, en de dood komt? Wie
zal de appelboom laten verkommeren, de stoel
voorgoed laten staan in de regen? Iemand toch
zal toe moeten zien dat alles voorbij gaat.

WHO?

Who will be the boy-friend of my girl-friend,
the master of my dog, the child of my youth,
the old man at my death, who will be these, if
it is not myself? You? Oh, come now, you are nothing

but a pair of eyes which see what they see, you are
nothing but the prospect: a sun is shining,
an apple-tree blossoming, a chair standing
in the grass; joy, sorrow, what d'you know of them,

prospect? But who will have my dearest grow
grey and sick, see to it that the dog
whines, the child cries, and death comes? Who
will let the apple-tree wither, leave the chair
standing in the rain forever? Someone, after all,
will have to see to it that everything passes away.

WINTER VAN BREUGHEL

Winter van Breughel, de heuvel met jagers
en honden, aan hun voeten het dal met het dorp.
Nog even, maar hun doodmoeie houding, hun stap
in de sneeuw, een terugkeer, maar bijna zo

langzaam als stilstand. Aan hun voeten groeit
en groeit de diepte, wordt wijder en verder,
tot het landschap verdwijnt in een landschap
dat er moet zijn, en er is, maar alleen

zoals een verlangen er is.

Voor hen uit duikt een pikzwarte vogel. Is het spot
met de moeizame poging tot terugkeer naar het leven
daar beneden: de schaatsende kinderen op de vijver,
de boerderijen met wachtende vrouwen en vee?

Een pijl onderweg, en hij lacht om zijn doel.

BREUGHEL'S WINTER

Winter by Breughel, the hill with hunters
and dogs, at their feet the valley with the village.
Almost home, but their dead-tired attitudes, their steps
in the snow – a return, but almost as

slow as arrest. At their feet the depths
grow and grow, become wider and further,
until the landscape vanishes into a landscape
that must be there, is there, but only

as a longing is there.

Ahead of them a jet-black bird dives down. Is it mockery
of this laboured attempt to return to life
down there: the children skating on the pond,
the farms with women waiting and cattle?

An arrow underway, and it laughs at its target.

VADER, IK ZIE JE GEZICHT

Vader, ik zie je gezicht weer, jaren
na je dood – bijna een schaduw
in deze ruimte, een schaduw
wit van de hitte – eenzame
steen in de hemel, de zee.

Een romeins veldherenhoofd, kapot
geslagen neus, opengereten mond,
lege oogkassen omhoog naar
de zon, in een woestijn.

Bijna een schreeuw nog om
deze dood.

Vader, je gezicht daar, zo'n
eiland waar nooit iemand
heeft gewoond, waar
nooit iemand komt.

FATHER, I SEE YOUR FACE

Father, I see your face again, years
after your death – almost a shadow
in this vastness, a shadow
white with heat – lonely
stone in the sky, the sea.

Head of a Roman general, nose
flattened, mouth torn open,
eye-sockets vacant, raised to
the sun, in a desert.

Almost a scream still at
this death.

Father, your face there, a sort of
island where no-one
has ever lived, where
no-one ever arrives.

ALS DE PAGINA'S VAN EEN KRANT

Zoals de pagina's van een krant
in het gras langzaam om
slaan in de wind, en het is de wind
niet, die dit doet,

zoals wanneer een deken in de avond,
buiten, ligt alsof hij ligt
te slapen, en het is de deken
niet, zo

niets is het, niets dan de verdrietige
beweging van een hand, de weerloze
houding van een lichaam,

en er is geen hand, er is
geen lichaam, terwijl ik toch
zo dichtbij ben.

LIKE THE PAGES OF A NEWSPAPER

Like the pages of a newspaper
flapping slowly to and fro in the grass
and it is not the wind
that is doing this,

as when of an evening, a blanket,
left outdoors, lies as though it lay
asleep, and it is not the blanket,
so near it is

to being nothing, nothing but the grieving
gesture of a hand, the vulnerable
attitude of a body,

and there is no hand, there is
no body, while I, after all,
am so close.

AL DIE MOOIE BELOFTEN

De grazige weiden, de stille wateren,
ik heb ze gezocht en inderdaad
gevonden, ze waren nog mooier
dan mij was beloofd,
prachtig.

En in dit lieflijk landschap de zoon
van de maker, aan een boom genageld,
maar geen spoor van geweld
of verzet, alleen maar
vrede, rust.

Zijn lege ogen kijken het landschap in,
om zijn mond spelen eeuwige vragen,
waarom dan, wie ben je,
waar was je, e.d.

Zonder verwijt, hij moet hebben geweten
wat er zou gaan gebeuren.
Ik heb geen antwoord.

ALL THOSE FINE PROMISES

The green pastures, the still waters,
I have looked for them and indeed
have found them, they were even lovelier
than I had been promised,
magnificent.

And in this endearing landscape the son
of the maker, nailed to a tree,
but no trace of violence,
of resistance, just
peace, quiet.

His vacant eyes stare into the scene,
eternal questions play around his mouth,
why then, who are you,
where were you, and the like.

Without reproach, he must have known
what was about to happen.
I have no reply.

GESPREK

I

De geluiden van goederentreinen, de oude
verhalen van de nacht, dat ze je komen
halen, dat ze je mee zullen nemen,
maar wat blijft is niet meer dan
het ruisen dat er altijd wel is,

of het grijs van een windstille zee in
de avond, misschien is daaronder nog
wel een heel langzaam ademen, maar
het is niet te zien, een slaap
zo diep, zo voorgoed, zo lang

als je leeft, zoiets, zegt ze. En ik die
deze gesprekken nooit heb gewild, nooit
een antwoord heb gehad, omdat ook ik
geen naam weet voor wat ik niet
hoor en niet zie, maar nu

lig tegen haar lichaam, ik denk aan haar
als aan een kind dat geen kind meer
is, aan de oude geluiden van
de nacht, de kleur van de oude
zomers aan zee.

CONVERSATION

I

The sound of goods trains, the old
stories of the night, that they're coming
to get you, that they'll take you with them,
but what remains is no more than
the rustling which is always there,

or the grey of a windstill sea in
the evening, perhaps beneath it there
is still a very slow breathing, yet
it is not to be seen, a sleep
so deep, so for ever, so long

as you live, something like that, she says, and I,
who have never wanted these talks, have never
had a reply, because I neither
can put a name to what I cannot hear
and do not see, but lie now

against her body, I think of her
as of a child that is a child no more,
of the old sounds of the night,
the colour of the old
summers by the sea.

II

Of dat ze niets zegt, alleen maar zwijgt.
Het is waar, verder en verder weg verdwijnen
de zachte goederentreinen de nacht in,
ze kwamen me halen, ik ging niet, ik blijf
luisteren tot ik niets meer hoor.

Dat ze doodstil is, het is alsof ze slaapt.
Zie ik haar liggen, en inderdaad leeft in
haar lichaam het geheim van de deining
in een windstille zee. Ik blijf
kijken tot ik niets meer zie.

Er is, zeg ik, en denk, het is er niet.
De woorden waarmee ik zeg: er is een tijd
geweest en die is nu voorbij, er is
een plek en ook deze is verlaten,
ze zijn troost, maar waarom.

Niet om wat is geweest, maar om later:
ik hoor, maar de stilte daarna,
ik zie, maar wat niet meer is,
ik denk, maar waaraan.

II

Or that she says nothing, is simply silent.
It is true, further and further away the gentle
goods trains vanish into the night,
they came to fetch me, I did not go, I stay
listening until I can hear no more.

That she is dead-still, it's as though she's asleep.
I see her lying, and indeed in her body lives
the secret of the swell
on a windstill sea, I stay
watching until I can see no more.

There is, I say, and think, there isn't.
The words with which I say: there was once
a time, and now it's past, there is a place
and this too has been deserted,
these are comfort, but why?

Not because of what has been, but because of
                                        afterwards:
I hear, but the silence thereafter,
I see, but what is no more,
I think, but of what?

DE LANDMETER

Het is niet alleen onverschilligheid, in zekere zin
is het misschien zelfs wel liefde die hem dwingt,
er is geen paradijs zonder rentmeester.

Hij is gelukkig met het landschap, maar gelukkig
met het zoeken, coördinaten wijzen hem zijn onzichtbare
plek, zijn utopie is de kaart, niet de wereld.

Hij wil weten waar hij is, maar zijn troost is
te weten dat de plek waar hij is niet anders bestaat
dan als zijn eigen formule, hij is een gat in de vorm van

een man in het landschap. Met de grenzen die hij
trekt, scherper en duidelijker, vervagen het gras
en de bomen en alles wat daar leeft, lijdt en sterft.

Het is heel helder om hem heen, alles is waargenomen.

THE SURVEYOR

It isn't mere indifference, in a certain sense
it is perhaps even love that drives him on,
there's no paradise without its steward.

He is happy with his landscape, but even happier
with searching, co-ordinates point him to his invisible
spot, the map, not the world, is his Utopia.

He wants to know where he is, but it's his consolation
to know that the spot where he is standing exists only
as his private formula, he is a hole in the shape of

a man in the landscape. With the boundaries that he draws,
sharper, more distinct, the grass and the trees grow
vaguer and everything that lives, declines and dies.

The world around him is perfectly clear, everything has
been observed.

BAAI

Het blijft en het blijft maar, het gaat
niet voorbij: een geel strand met lege stoelen,
een groene en blauw-groene zee met scheepjes,
grijzige bergen rondom, en over dit alles
een dun, lila, oudgeworden licht.

Het bewoog destijds, er bewoog iets eindeloos,
het was het ademen van de zee, het zachte schuren
van de scheepjes aan hun ankers, het langzaam
zwarter worden en verdwijnen van de baai:
er moest iets komen en het kwam, het kwam maar,
dit was geluk.

Blijft over iets roerloos, een moment waarin
het strand verlaten is, de zee stilgevallen,
de ankerkettingen zwijgen, het licht dat oude
lila houdt, en niets verdwijnt – waarin
de baai daar ligt zoals hij is, voorgoed,

en een verlangen, dat dit moment voorbijgaat.

BAY

It stays and it stays, it does not fade away:
a yellow beach with empty chairs,
a green and blue-green sea with little boats,
greyish mountains around it, and over all
a thin, lilac, aged light.

There was movement before, something was moving endlessly,
it was the breathing of the sea, the gentle rasp
of the little boats at anchor, the gradual
darkening and disappearance of the bay:
something was about to arrive and it came, it came,
this was happiness.

Something motionless remains, a moment in which
the beach has been deserted, the sea grows still,
the anchor chains fall silent, the light retains
that ancient lilac, and nothing disappears – moment
in which the bay lies as it is, forever,

and a longing for this moment to pass.

BEEKDAL

I

Je ziet ons weer zitten in het gras;
die gezichten van ons, kijkend
alsof ze iets zien dat hen bijzonder
gelukkig maakt,

als de gezichten van blinden, niet wetend
hoe ze worden gezien, argeloos, kijkend
naar hun eigen geheim.

Je leest er in mijn aantekeningen
heel weinig over, ik schreef alleen:
beekdal weer bezocht, lang gekeken,
het was er nog.

THE VALLEY

I

You see us again sitting in the grass;
those faces of ours, looking
as though they were seeing something
that makes them extraordinarily happy,

like the faces of the blind, unaware
of how they are seen, unsuspecting, looking
at their own secret.

In my notes you read very little
of this, I simply wrote:
been to the valley again, looked a long time,
it was still there.

II

Je ziet dan verder weer waar
we naar zitten te kijken:
die grijze bosrand, die gevlochten
omheining verzadigd van schemer,
rondom de heel licht glooiende
zacht-groene weiden en in de diepte
het rijtje spichtige elsjes dwalend
langs de onzichtbare beek.

Dit is het dus wat ons zo bijzonder
gelukkig moet hebben gemaakt.

II

And then you see again what
we were sitting looking at:
that grey edge of the wood, that wickerwork
fencing drenched in twilight,
about us the very slightly undulating
soft-green meadows and in the hollow
the little row of spindly alders straying
along the invisible stream.

Then this is what must have made us
so extraordinarily happy.

III

Je ziet hoe vaak er naar deze foto's
is gekeken, hoe vaak ook het papiertje
is gelezen waarop stond dat het er nog
was, hoe bevlekt en beduimeld ze zijn.

Die hele volmaakte wereld die er moet
zijn – het volmaakt onvindbare antwoord
op de vraag welke wereld dat is.

III

You see how often these photographs have been
looked at, how often, too, the slip of paper
has been read, on which I had written it was still
there, how spotted and thumb-marked they are.

That whole perfect world that must be
there – the wholly undiscoverable answer
to the question which world that is.

GESPREK MET DE WANDELAAR

Wat ik wil, zegt hij, misschien
had ik een vogel willen zijn, een zwaluw
die ik zag, daar, hoog in de bergen,
en zelf willen achterblijven

in de schaduw van het huis aan de rivier,
waarin hij nestelde, waaruit hij opvloog.

Ik herinner mij de terugkeer,
de warme schemer op het terras,
hoe ik daar zat, de wendingen volgde
van de rivier de velden in, de wazige lijnen
van de bergen in de verte omhoog,
een zwaluw, tot hij verdween.

Ik was moe en in gedachten
ging ik de bergen weer in, hoger en hoger
naar die eenzame heldere wereld van steen,
zat daar weer in de wind en keek
in de diepte.

Misschien, zegt hij, wil ik iets
om voorgoed naar te kijken, dat huis
daar beneden, het nest dat ik zelf
heb verlaten,

en de wendingen van de rivier, de lijnen
van de bergen, eindelijk stilgelegd,

zoals het daar was, het moment dat ik
uit het zicht verdween, iets

dat er is buiten mij.

CONVERSATION WITH THE WANDERER

What I want, he says, perhaps
I wanted to be a bird, a swallow
I saw, there, high in the mountains,
and wanted to stay there myself

in the shadow of the house by the river
where he nested, from where he flew up.

I remember the return,
the warm twilight on the terrrace,
how I sat there, following the meanders
of the river into the fields, the hazy lines
of the mountains up into the distance,
the flight of a swallow –
until he disappeared.

I was tired and went up again in thought
into the mountains, higher and higher,
to that lonely, lucid world of rock,
sat there again in the wind and gazed
into the depths.

Perhaps, he says, I want something
I can look at for ever, that house
down there, the nest I have myself deserted,

and the meanders of the river, the lines
of the mountains, laid still at last,

as it was there, the moment I
disappeared from view, something

that exists beyond myself.

I CAVALLI DI LEONARDO

Al die schetsen die hij naliet –

eindeloze reeksen herhalingen: spierbundels, pezen,
knoken, gewrichten, die hele machinerie
van drijfriemen en hefbomen waarmee
een paard beweegt,

en uit duizenden haarfijne lijntjes haast onzichtbaar
zacht in het papier verdwijnende huid
van oorschelpen, oogleden, neusvleugels,
huid van de ziel –

hij moet hebben willen weten hoe een paard
wordt gemaakt, en hebben gezien
dat dat niet kon,

hoe het geheim van een paard zich uitbreidde
onder zijn potlood.

Maakte de prachtigste afbeeldingen, bekeek ze,
verwierp ze.

I CAVALLI DI LEONARDO

All those sketches he left behind –

endless series of repetitions: bunches of muscles, sinews,
knuckles, joints, the entire machinery
of driving-belts and levers with which
a horse moves,

and out of thousands of hair-thin little lines, the skin
almost invisibly gently disappearing into the paper
of ears and eyelids, nostrils,
skin of the soul –

he must have wanted to find out how a horse
is made and have realized
it can't be done,

how the secret of a horse grew and grew
beneath his pencil.

Made the most splendid designs, studied them,
discarded them.

MICHELANGELO'S CRISTO DEPOSTO DI CROCE

Oud, "zo dicht bij de dood, en zo ver van God",
moet hij voor dit blok marmer hebben gestaan,

waaruit het prachtige, jeugdige lichaam van
Christus al was bevrijd, maar het hing slap

en dood in de schoot van zijn moeder, en om
hen heen de armen van een grijsaard met zijn

gezicht, alleen nog verdriet, machteloos einde,

zijn zelfportret. Hij had geschreven: "er is geen
schilderij, geen beeld nu dat de ziel geruststelt,

de ziel gericht op goddelijke liefde,
die aan het kruis zijn armen opende voor ons".

Hij had begraven willen worden aan de voeten
van dit beeld, maar sloeg het stuk. Hij liet

wat er van bleef, gescheurd, onaf.

MICHELANGELO'S CHRISTO DEPOSTO DI CROCE

Old, "so close to death, and so far from God",
he must have stood before this block of marble,

from which the splendid, youthful body of Christ
had already been released, though it hung limp

and dead in its mother's lap, and about
them an old man's arms, his face drained

of everything but grief, impotent ending,

his self-portrait. He had written: "there is no
painting, no image now which sets the soul at rest,

the soul in search of divine love,
which opened its arms to us on the cross."

He had wanted to be buried at the foot
of this statue, but smashed it and left

what remained of it ravaged, incomplete.

PORTRET VAN EEN STERVENDE VROUW

I

Hoe langer het duurt, hoe langer
je liefhebt, maar wat heb je
lief, het verandert
steeds meer in steeds meer
zichzelf, zozeer in zichzelf
dat het sterft.

Zo alleen zul je worden met liefde
als met een landschap
dat langzaam verwintert,
steeds meer in steeds meer
die ene ets.

In je gezicht nog het gezicht
dat voelt hoe warm adem is
voor het afkoelt tot mist.

In je hand nog de hand die vertelt
dat je er bent, tot hij zich
terugtrekt in je hand.

PORTRAIT OF A WOMAN DYING

I

The longer it lasts, the longer
you love it, but what do you
love, it is changing
ever more into ever more
itself, so far into itself
it dies.

So alone will you become with love
as with a landscape
that is slowly changing into winter,
ever more into ever more
that one etching.

In your face still the face
that feels how warm breath is
before it cools into mist.

In your hand still the hand that tells
that you exist, until it
pulls back into your hand.

II

Nu het daar ligt, zo in zichzelf
gekeerd, zo zichtbaar,
ik weet wel, je bent dat niet meer
maar wat moet ik,
het ligt daar en
ik heb het lief,

lief nu, als een landschap in de winter
als het zich uiteindelijk laat zien
in die laatste ets
van zichzelf, wat weg moest
is weg.

In je gezicht geen gezicht meer, het is
wit als gras ergens buiten
ingeslapen en bevroren met mist.

En de hand die vertelde dat je er was
is verdwenen in de hand die daar
ligt, en dat niet meer is.

II

Now it is lying there, so withdrawn
into itself, so visible,
I know it's you no longer,
but what can I do?
It lies there and
I love it.

Lovable now, like a landscape in the winter
as it eventually reveals itself
in that last etching
of itself, what had to go
has gone.

In your face no longer a face, it is
white, like grass outside there, somewhere,
asleep and frosted with mist.

And the hand that told that you were there
has vanished into the hand that is lying
there, and is no more that hand.

PORTRET MET HOND

Die hond en ik. Hij heeft zich
teruggetrokken in zichzelf, en ik

– ik had mijn hand op zijn rug
gelegd, zijn huid rimpelde,
ik had hem aangekeken en hij
keek op in mijn gezicht alsof
hij iets zocht uit mijn mond,
ik had iets gemompeld en
hij legde zich neer, zuchtte
en sliep in –

ik moet iets zijn geweest in
die hand, dat gezicht, die mond,

iets dat ik heb gekend, maar nu
verborgen is in hem, die hond.

PORTRAIT WITH DOG

That dog and I. He has withdrawn
into himself, and I

– I had laid my hand
on his back, his coat wrinkled,
I had looked into his eyes and he
stared up at my face as though
he was looking for something from my lips,
I had muttered something and
he laid himself down, sighed
and went to sleep –

I must have been something
in that hand, that face, those lips,

something I once knew, but that is now
hidden away in him, that dog.

SCHAPEN

Zo ging het altijd. 's Avonds kwamen ze
aan het water, stonden ze daar langzaam
te kijken naar de overkant van de rivier.

Allemaal waren ze anders en toch, allemaal
aan elkaar volkomen gelijk, en ik, ik was
één van hen, maar we wisten beiden niet wie.

Dan werd de rivier uiteindelijk zo glad
en zo zwart, dat het was alsof niet alleen
het water, maar ook de tijd zelf ophield.

Ze dronken er van, tot ze verdronken in
hun eigen silhouetten, in het zwart van dat
water, het zwart van de nacht in de diepte.

En in de morgen stroomde dan weer heel licht
en luchtig de rivier door de vallei, terwijl
zij daar weer eenzelvig grazend de verte inliepen.

Allemaal dezelfde, en tegelijk allemaal anders,
en wie het was die het was, wij beiden wisten
het niet, zo was het altijd, tot ook dat ophield.

SHEEP

That's how it always went. In the evening they came
to the water, stood there and slowly gazed across
at the river's further shore.

All of them were different, yet all of them
exactly like each other, and I, I was
one of them, but neither of us knew which.

Then the river finally became so smooth
and so black, that it was as though not only
the water but also time itself had stopped.

They drank of it until they drowned in their own
silhouettes, in the black of that water,
the black of the night in the depths.

Then in the morning the river flowed again, light
and lissom through the valley, while, cropping,
one by one they moved back into the distance.

All of them the same, yet all of them different,
and which of them was me, neither of us knew.
That's how it always was, until that too stopped.

DEMENTIE

I   *Met haar handen in haar schoot*

Zij heeft haar handen zo in haar schoot gelegd
alsof zij daar iets zoekt, iets van zichzelf.

Welke woorden zal ze er uit nemen, er zijn er
zo veel, zij zijn zo onbegrijpelijk anders.

Het gesprek ligt stil, er ligt een verhaal in
haar schoot waaruit de woorden zijn verdwenen.

Alsof zij wacht op kinderen. Ze zijn al verdwaald
voor zij werden geboren, leefden en stierven.

DEMENTIA

I   *She has laid her hands*

She has laid her hands in her lap as though
she is looking for something, something of herself.

Which words will she take out of it, there are
so many, they are so incredibly different.

The conversation has ceased. In her lap there lies
a story from which the words have disappeared.

As though she is waiting for children. They have already
gone a-stray, before they were born, lived and died.

II   Bij de zee

We stonden bij de zee, en inderdaad,
de kade gaf dat gevoel van een kade.

Nog één keer iets willen, dat gezicht
zien, die stem horen, iets zeggen,

ach god, dat soort heimwee, nog voor
het zover is, we stonden daar maar.

Waar zijn we, zei ze. Hier, zei ik,
dit is de zee,

en achter ons in het land wonen nog
de mensen en graast nog het vee.

Maar alleen haar voeten kenden deze
wereld nog, haar ogen dwaalden over

al dat water, alsof ze alleen daar
zocht naar haar herinneringen, alleen

daar, en ik, ik zocht in haar gezicht,
het keek mij aan, grijs en eindeloos

als de zee zelf.

II *By the sea*

We stood by the sea, and yes,
the quay gave that feeling of a quay.

To want to say something just once more, to see
that face, to hear that voice, say something,

oh, god, that sort of nostalgia, before
it's got that far – we were just standing there.

Where are we, she said. Here, I said,
this is the sea,

and behind us, on the land, the people are still
living, the cattle still grazing.

But now only her feet knew this
world, her eyes wandered across

all that water, as though it was only there
she was searching for her memories, only there

and I, I searched her face,
it looked at me, grey and infinite

as the sea itself.

III   *Psalm*

Dan zullen deze geluiden wind zijn,
als ze opstijgen uit hun plek, dan
zullen ze verwaaien, zijn ze wind.

We hebben geademd en onze adem was
als zuchten van bomen om een huis,

we hebben gepreveld en onze lippen
prevelden als een tuin in de regen,

we hebben gesproken en onze stemmen
dwaalden als vogels boven een dak.

Omdat wij onze naam wilden vinden.
Maar alleen de wind weet de plek
die wij waren, waar en wanneer.

III   *Psalm*

Then these sounds will be wind,
when they rise up from their place, then
they will blow away, will be wind.

We have breathed and our breath was
as the sighing of trees around a house,

we have murmured and our lips
murmured like a garden under rain,

we have spoken and our voices
strayed like birds above a roof.

Because we were searching for our name.
But only the wind knows the place
that we were, where and when.

UIT APULIA

Er waren dunne, zwijgende dingen, uit Apulia,
verdwaalde schilfers van een aarde, zoals zij
achterblijft als de goden en de mensen haar
verlaten, dorre schilfers van een oude huid.

Ik wilde iets zien, ik zag de resten van dag
in hete okeren akkers, in roestbruine steen,
de resten van nacht in as van verbrande olijven,
in het git van lava in maanlicht, de resten
van uitzicht in lapis lazuli van hemel en zee.

Ik wilde iets zien, want ik zocht naar een tijd,
een plek, naar woorden kortom in die schilfers,
die huid van die zeer oude moeder, die verdroogde
voedster, haar huid waarin de chaos groeit en
de woorden voor tijd en plek langzaam verwoest.

Dunne, zwijgende dingen, de wederkeer tot stof.

FROM APULIA

There were thin, silent things, from Apulia,
flakes strayed from a world as it remains
when the gods and the people abandon it,
dried-out flakes from an age-old skin.

I wanted to see something, I saw the remains of day
in hot acres of ochre, in rust-brown stone,
the remains of night in ash of burnt olives,
in the jet-black of lava under moonlight, the remains
of a view in lapis lazuli of sky and sea.

I wanted to see something, for I was searching for a time,
a place, in short for words in those flakes,
that skin of a very old mother, the dried-out
wet-nurse, her skin in which chaos spreads and
slowly destroys the words for time and place.

Thin, silent things, the reversion to dust.

PAAR IN STEEN

Kan dus een steen spreken; ja, als we wisten waarvan.

Toen we nog geen steen waren, alleen nog een vraag,
maar zo vanzelfsprekend dat ze niet werd gesteld,

zoals een steen niet spreekt, als een verstrooide hand
haar streelt, en haar vergeet, terwijl hij nog streelt.

En als we geen steen meer zijn, alleen een herinnering,
maar al zo vanzelfsprekend dat elk spoor is gewist,

zoals de regen niet spreekt die haar huid aanvrat,
de zon die haar verdorde, de wind die haar verwoei.

Maar nu we dit zijn, een paar dat zichzelf omarmt in
steen, dit gebaar zo vanzelfsprekend als alleen

een steen spreekt, maar waarvan dus, van onze angst,
van ons verlangen, om een te zijn, uiteen te vallen.

COUPLE IN STONE

Can a stone speak then: yes, if we knew of what.

When we were not yet stone, still only a question,
but so natural that it wasn't put,

as a stone itself does not speak, if an absent-minded hand
strokes it and forgets it, even as it strokes.

And when we are stone no more, only a memory,
but so natural every trace has been wiped out,

as the rain does not speak that eroded its skin,
the sun that dried it up, the wind that blew it away.

But now we are this, clasped in each other's arms
of stone, this gesture as natural as only

a stone speaks, but of what then, of our fear,
of our longing, to be one, to fall apart.

IN DE TUIN

Toen dat gat in de tuin was gegraven,
die kat daar nog naast in het gras,
maar de tijd stond niet stil, ik moest

verder, maar ik die kat nog niet had
gegrepen, in haar nekvel, zoals moet
als een kat niet wil, komen of gaan,

en ik die kat, nadat ik haar dan toch
had gegrepen, nog niet had losgelaten,
het gat niet dichtgegooid, aangetrapt,

toen het gras nog niet weer groeide over
die plek, alsof ik dat allemaal nooit
had gedaan, maar die kat, dit veel te

stille niet willen, wat moest ik met die
hand van mij, met dat gat in de tuin.

IN THE GARDEN

When that hole had been dug in the garden,
that cat there still next to it in the grass,
but time did not stop, I had to go on,

but I had not taken hold of that cat,
by the skin of its neck, as you have to,
if the cat doesn't want to come or go,

and that cat, when I had taken hold of it
all the same, and still had not let go,
not filled in that hole and stamped it flat,

when the grass was not yet growing again
over that spot, as though I had never done
all that, but that cat, this far too unmoving

not wanting to, what could I do with that
hand of mine, that hole in the garden.

HOND

Als ik die hond was geweest, toen
ik tegen hem mompelde, dat de tijd
voorbij was, dat hij weg moest, weg
naar waar hij nu heen ging, naar
waar hij vandaan kwam,

ik had daar maar wat gestaan, te zwaar
om een poot te verzetten, nog wat geroken
aan de geuren, de oren nog wat bewogen
bij de geluiden, met de witte pupillen
nog wat gedwaald naar de schimmen

om mij heen, en mij niets herinnerd,
niets verwacht, dit was dezelfde tuin
geweest, dezelfde dag, als alle andere.

DOG

If I had been that dog when
I muttered to him his time
was up, that he had to go, go
to where he was now going, to
where he had come from,

I should simply have stood there, too heavy
to shift a paw, sniffed a little longer
at the smells, twitched my ears a little longer
at the sounds, let my white pupils
stray a little longer towards the shadows

around me, and remembered nothing,
expected nothing; this would have been
the same garden, the same day, as all the others.

BELVEDÈRE

Ik weet wel dat dat bossen zijn,
rivieren, weilanden, dorpen en dat
ik daar van hou, ik weet het,

maar steeds meer zoals nu, zoals
een vogel houdt van zijn nest,

niet voorgoed. Ik zie je dorre
vingers om de railing, de grijze
veertjes wapperen aan je slaap,
de kraaienpootjes in je ooghoek,

liefje, zie je hoe roerloos en ver
die wereld nu is, hoe alleen nog
de schaduwen van de wolken bewegen,

voel je hoe je alleen de wind nog
voelt. Er komt een tijd dat wij
weer vogels zijn, als vroeger,

de tijd dat wij er nog niet waren.

BELVEDERE

I know those are woods, rivers,
meadows, villages, and that
I love them, I know it,

but more and more as now, as
a bird loves its nest:

not for ever. I see your withered
fingers on the rail, the small, grey
feathers fluttering at your temples,
the crowsfeet near your eyes,

dear one, do you see how still and far
that world is now, how only
the shadows of the clouds are moving,

do you feel how the wind is all
you feel. A time is coming when we'll
be birds again, as once we were,

in the days before we were.

SPEELTUIN

Grootvadertje, die in de hemelen zijt
in die witte lucht van augustus, hoog

boven de speeltuin, dit ben ik geweest,
dit kind, hier in de diepte, zie het,

zie hoe de dood niets heeft meegenomen,
alles heeft bewaard, het liet hoe het was,

het heeft stilgezet: de bok met de ogen,
de slapende ezel, de aap in het gaas,

stilgezet: de bloedrode molen, de leeuw
met het roestige zadel, de schreeuwende wip,

stilgezet: het gejoel en gehuil, de geuren
van ijzer en olie, de vuile wolken van stof,

stilgezet: het bonzende hart in de doolhof,
de spiegels met giechels van reuzen en dwergen,

stilgezet: die golf in zijn rug van verlangen,
en als het voorbij was die keel van verdriet,

stilgezet, grootvadertje, daar in de hemelen,
zie: dit kind, hier in de diepte.

THE FAIRGROUND

Dear grandfather, who art in heaven
in that white light of August, high

above the fairground, this I was,
this child, here, in the depths, look down on him,

look how death has taken nothing away,
has preserved everything, left it as it was,

has laid it still: the goat with the eyes,
the sleeping donkey, the monkey in the wirework,

laid still: the blood-red roundabout, the lion
with the rusty saddle, the screeching see-saw,

laid still: the shouting and crying, the smells
of iron and oil, the dirty clouds of dust,

laid still: the thumping heart in the maze,
the distorting mirrors with giants and dwarfs,

laid still: that surge of desire in his back,
and when it was over, that throat full of grief,

laid still, dear grandfather, up there in heaven,
look: this child, here in the depths.

ONDER HET VEE

En toen de zomer dan toch weer was teruggekeerd
en wij dus weer zaten te drinken bij de rivier.

Zijn oude armen bewogen nog, naar daar, die wereld,
dat langzame, eeuwige leven van vee in de verte.

Ieder mens zou een dier moeten zijn, moeten sterven
in de herfst, en in de lente weer worden geboren.

Of, ieder mens zou een rivier moeten zijn, komen
zonder verlangen te blijven, gaan zonder heimwee.

Zo zaten wij dus weer te drinken daar, tegen de tijd,
oude verhalen, jenever, maar de zon ging wel onder.

En hij sliep in. Omdat de wereld insliep. Zwart
zat hij bij de rivier, zwart gat in het uitzicht.

AMONG CATTLE

And when the summer had come back again after all
and so we were sitting once more, drinking by the river.

His old arms still moved, to there, that world,
that slow, that eternal life of cattle in the distance.

Every human being should be an animal, should die
in the autumn and be re-born in the spring.

Or every human being should be a river, should come
without a longing to remain, leave without nostalgia.

So we were sitting there and drinking again, passing time,
old stories, genever, but the sun went down all the same.

And he went to sleep. Because the world went to sleep.
Black he sat by the river, black hole in the prospect.

ZELFPORTRET ALS PAARD

Toen ik nog een paard was in een weiland

ik moet hebben gewoond in zijn lichaam
in zijn ogen hebben gezien wat hij zag

dat het leven nooit zou beginnen noch
ooit zou ophouden noch zich herhalen

ik moet zijn lichaam hebben verlaten en
mijn herinneringen moeten zijn achtergebleven

U staat bij het hek van een weiland
aan de andere kant staat een paard

kijk het aan – het zal U aankijken

SELF-PORTRAIT AS A HORSE

When I was still a horse in a meadow

I must have lived in his body
have seen in his eyes what he saw

that life would never begin nor
would ever end, nor be repeated

I must have left his body and my memories
must have remained behind in him

you are standing by the fence round a meadow
on the other side a horse is standing

look it in the eyes – it will look in yours

DE GESCHIEDENIS VAN EEN BEEK

Zoals de oude geografen haar tekenden

– hoe ze zich onder hun pen wendde en keerde
zich wiegde en verstilde en dan
liet gaan naar de zee –

met die precisie waarmee geen woord wordt gezegd
geen woord wordt verzwegen

en zoals de oude wereld haar kende

– hoe de dieren zagen dat ze zich wendde en keerde
in hun gras en de wilgen dat ze zich wiegde
aan hun voeten, hoe het riet zag
dat ze haar water verstilde en de hemel
dat ze zich liet gaan naar de zee –

met die niets ontziende blik waarmee alles
wordt gezien en alles wordt vergeten

THE HISTORY OF A RIVER

As the ancient geographers would draw it

– how it would twist and turn under their pens
sway to and fro, grow still and then
let go towards the sea –

with that precision with which no word is said
no word left unsaid

and as the old world knew it

– how the animals saw that it twisted and turned
through their grass and the willows that it swayed
at their feet, how the reeds saw
that it stilled its waters and the heavens
that it let go towards the sea –

with the inexorable gaze with which everything
is seen and everything forgotten

DE MOEDER HET WATER

Ik ging naar moeder om haar terug te zien.
Ik zag een vreemde vrouw. Haar blik was wijd en
leeg, als keek zij naar de verre overzijde
van een water, niet naar mij. Ik dacht: misschien

– toen ik daar stond op het gazon, pilsje gedronken
in de kantine van het verpleegtehuis, de tijd
ging langzaam in die godvergeten eenzaamheid –
misschien zou 't goed zijn als nu Psalmen klonken.

Het was mijn moeder, het lijfje dat daar roer-
loos stond in 't gras, alleen haar dunne haren
bewogen nog een beetje in de wind, als voer

zij over stille waatren naar een oneindig daar en
later, haar God. Er is geen God, maar ik bezwoer
Hem Zijn belofte na te komen, haar te bewaren.

Naar 'De Moeder de vrouw' van Martinus Nijhoff

THE MOTHER THE WATER

I went to mother to see her once again.
I saw a stranger there. Her glance was wide
and empty, as though it was not at me she looked
but across a waterway. I thought: perhaps

– as I stood there on the lawn, after a beer
downed in the nursing-home canteen, and time
moved slowly through that godforsaken void –
it would be good if now some hymns were heard.

It was my mother, that tiny body standing there
unmoving in the grass, only a few thin hairs
wafting a little in the wind, as though

she was sailing across still waters into space,
to her God. There is no God, but I adjured
Him then to keep his promise, keep her safe.

*Based on a celebrated sonnet by Martinus Nijhoff and employing
exactly the same rhyming pattern and vowel sounds in the Dutch as
in the original.*

JE RUG

Tot ik je rug zag – alsof je iets wilde met mij

daarom streelde ik met mijn ogen je rug
ach, hoe lang al kende ik die

ik wilde het niet denken deze gemeenplaats
maar het waren mijn ogen die dachten
alles in ons is geschiedenis alles

er moet zelfs een tijd zijn geweest waarin wij
nog niet eens bestonden, zo lang al

ik wilde je rug strelen zonder mijzelf te zoeken
onder je huid en ook jou zocht ik daar niet
wij zijn daar onvindbaar

liefde is een woord voor iets anders
dan ik zocht, niet de liefde heeft ons gemaakt

wij zijn gemaakt met onverschillig aandachtig
geduldig gereedschap, hetzelfde
dat ons weer afbreekt

we kennen de zwijgende anatomische prenten
die laten zien hoe het is

de witte wervels en ribben en schouderbladen
het witte weerloze skelet
waarmee het begint en ophoudt

daarom streelde ik met mijn ogen je rug

YOUR BACK

Until I saw your back – as though you were
                      after something with me

that's why I stroked your back with my eyes
oh, how long I had known it

I didn't want to think it this commonplace thought
but it was my eyes that thought
everything in us is history everything

there must even have been a time when we
had yet to exist, so long a time

I wanted to stroke your back without looking for myself
beneath your skin and I didn't search for you there either
we're not to be found there

love is a word for something other
than what I was seeking, it was not love that made us

we were made by an impartial attentive
patient instrument, the same
that breaks us down again

we know the silent anatomical prints
that show how things are

the white vertebrae and ribs and shoulder-blades
the white defenceless skeleton
with which it begins and ends

that's why I stroked your back with my eyes

EEN TUIN IN DE AVOND

Er gebeuren dingen hier en ik ben de enige
die weet welke

ik zal ze noemen en ook zeggen waarom

er staat een oude tuinbank onder de appelboom
er ligt een oude voetbal in het gras
er komen oude geluiden uit het huis
er is oud licht in de lucht

dit gebeurt hier: een tuin in de avond

en wat je niet hoort en niet ziet – de plekken
waar we kuilen groeven en
die huilend dichtgooiden

ik vertel dit omdat ik niet alleen wil zijn
voordat ik het ben

A GARDEN IN THE EVENING

Things are happening here and I am the only
one who knows which

I shall name them and also say why

there's an old garden seat standing under the apple-tree
there's an old football lying in the grass
there are old sounds coming out of the house
there is old light in the sky

this is happening here: a garden in the evening

and what you don't hear and don't see – the places
where we dug holes
and filled them up again, weeping

I tell this because I do not want to be alone
before I am

HOND EN HAND

Hond, het komt en het komt zo verschrikkelijk
dicht bij, je gezicht, mijn hand

terwijl de ruimte groeit en groeit om elkaar
in te verliezen, te verliezen

kijk me niet aan met een blik
kijk me niet aan met een vraag van:
laat me, blijf bij me, ook als je me laat gaan

ik wil het niet zien maar het moet
zegt dit schilderij

ik zie de plooien in je vuile huid
je melkglazen oog, de spelonken van je snuit
je nachtzwarte muil
van veel te dichtbij nu

en mijn oude hand, mijn eigen
nog breekbare levende hand, zijn vingers,
zijn geaderde rug
van veel te dichtbij nu

ik wil het niet zien, maar het moet,
hoe die hond en die hand
in honderden andere
veranderen, hoe wij dat
niet meer zijn

Bij een schilderij van Co Westerik: "BOR" (I.M.)
Stedelijk Museum, Amsterdam

DOG AND HAND

Dog, it comes and it comes so terribly
close, your face, my hand

while the space grows and grows around us
to lose each other in, lose

do not look at me with a glance
do not look at me with a question like:
leave me, stay with me, even if you let me go

I don't want to see it but I must
this painting says

I see the creases in your dirty coat
your clouded eye, the caves in your snout
your night-black muzzle
from far too close now

and my old hand, my own
still vulnerable living hand, its fingers,
the veins across the back of it,
from far too close now

I don't want to see it, but I must,
how that dog and that hand
alter into hundreds of others
how we are that
no longer

Inspired by a painting by Co Westerik: "BOR (I.M.)"
Stedelijk Museum, Amsterdam.

IN DE MORGEN

Er moet iets zijn als we inslapen
we gingen liggen en sliepen in

wat was het dan – terwijl de laatste woorden
voor de wereld ijler en ijler werden:
maanlicht, verre hond, zacht ademen,
geuren van een man, een vrouw,
nacht, nacht en nog eens – wat was het

dat zei, terwijl ook het laatste woord nacht
was gedoofd: dit zijn onze eigen armen nog
waarin we uiteenvallen in dit zwarte gat
dit is nog ons eigen lichaam

dat iets zei, terwijl er geen woorden meer waren

er moet iets zijn nu het woord morgen
langzaam oplicht en het morgen is
dat ons bijeen hield en loslaat
zoals we hier liggen

IN THE MORNING

There must be something as we go to sleep
we lay down and went to sleep

what was it then – as the final words
for the world grew fainter and fainter:
moonlight, far-off a dog, quiet breathing,
odour of a man, a woman,
night and once again night – what was it

that said, as even the last word night had been
put out: these are still our own arms
in which we fall apart into this black hole
this is still our own body

that said something, while there were no more words left

there must be something now the word morning
slowly lights up and it becomes morning
that held us together and lets us go
as we lie here like this

DIE EEUWIGE SCHOONHEID

Hij begon in die toevallige wereld
die onbegrepen wirwar van lijnen en lijntjes
die een boom werden bijvoorbeeld

hij noemde deze schoonheid de tragische schoonheid
van de mens die haar ziet:
van moment tot moment

hij wilde niet zien hoe de wereld voorbij gaat
maar zien hoe eeuwig zij is
als zij terugkeert naar dat ene

moment waarin haar lijnen en lijntjes uiteenvallen
tot een boom bijvoorbeeld
tot haar formule

hij stierf en zag alles, zag alles en stierf

Naar aanleiding van De bloemende appelboom *van Mondriaan*

94

THAT ETERNAL BEAUTY

He began in that fortuitous world,
that unfathomed confusion of lines and smaller lines
which, for instance, became a tree

he named this beauty the tragic beauty
of man who sees it:
from moment to moment

he did not want to see how this world passes
but how eternal it is
when it turns back to that one

moment when its lines and smaller lines fall apart
to become for instance a tree
to become its formula

he died and saw everything, saw everything and died

Inspired by the Flowering Apple Tree *by Mondriaan*

BERICHT VAN HET EILAND CHAOS

Hoe lang zijn we hier nu al, vrienden,
het was ooit bedoeld als een vakantie,
maar wat het nu is –

We zagen de folder: Chaos, dames en heren,
Uw eiland; de glanzende foto's,
de helblauwe Chaotische baai,
het krijtwitte vissersdorp Krisis.

We lazen dat het eiland wordt geprezen
om zijn zeer diepe rust,
de laatste bewoners worden zelfs
gelukkig genoemd onder hun plataan.

Wij dachten dat het een grap was
en gingen er heen, maar of het zo is –
we zitten op de kade
iedere dag

en aan onze voeten ligt een van de honden
iedere dag, bang dat wij weggaan.

Wij zien hoe de Hagia Katastrophi
daar voor anker ligt, langzaam
helemaal wordt bescheten door de meeuwen,
ligt te wachten op passagiers.

Hoe lang al, onze geschiedenis wordt
hoe langer hoe vreemder.

Mocht dit bericht jullie ooit bereiken
of mocht dit niet zo zijn.

MESSAGE FROM THE ISLE OF CHAOS

How long we have been here now, friends,
it was once meant to be a holiday
but what it is now –

We saw the folder: Chaos, ladies and gentlemen,
your island: the glossy photographs,
the bright blue bay of Chaos,
the chalk-white fishing village of Krisis.

We read that the island is praised for
its deep, deep quiet,
the last inhabitants are even
called happy under their plane tree.

We thought it was a joke
and went there, but whether it is so –
we sit on the quay
every day

and at our feet lies one of the dogs
every day, afraid we might be leaving.

We can see the Hagia Katastrophi
lying there at anchor, slowly
being shat white all over by the gulls,
lying there waiting for passengers.

How long by now, our story grows still
stranger the longer it lasts.

Should this message ever reach you
or should it not.

DE LAATSTE BEVINDINGEN

Er waren zoals we dachten te weten twee werelden –
de echte en die andere

dit onderscheid is onlangs bij nader onderzoek
een overbodige illusie gebleken: deskundigen
hebben in menselijke hersenen gezocht
en geen verschillen gehoord of gezien

integendeel, wat zij vonden was met geen pen
te beschrijven, zo ongelooflijk eenvoudig
zo mooi

zij noteerden:

"De nacht viel in de ramen van ons instituut,
maanlicht streek over de jonge borsten
van onze vrouwelijke proefpersoon

en ja, de door haar hersencellen aangedreven apparaten
zuchtten en in onze microscopen zagen we
in haar moleculen melkwegen van verlangen.

Wij zoeken nog koortsachtig naar formules."

Aldus enkele opgetogen, onbedoeld lyrische citaten
uit hun verslag.

THE LATEST FINDINGS

There were as we thought we knew two worlds –
the real one and the other one

further research has recently revealed that this distinction
is a superfluous illusion: experts
have searched in human brains
and heard and seen no differences

on the contrary, what they found no pen
could describe, so incredibly simple
so beautiful

they recorded:

"Night fell through the windows of our institute
moonlight stroked across the young breasts
of our female experimental person

and yes, the devices driven by her brain cells
were sighing and in our microscopes we saw
in her molecules milky ways of desire.

We are still searching feverishly for formulae."

This, according to some elated, unintentionally lyrical
quotes from their report.

WAT IS GELUK?

Omdat het geluk een herinnering is
bestaat het geluk omdat tevens
het omgekeerde het geval is,

ik bedoel dit: omdat het geluk ons
herinnert aan het geluk achtervolgt het
ons en daarom ontvluchten wij het

en omgekeerd, ik bedoel dit: dat wij
het geluk zoeken omdat het zich
verbergt in onze herinnering en

omgekeerd, ik bedoel dit: het geluk
moet ergens en ooit zijn omdat wij dit
ons herinneren en dit ons herinnert.

WHAT IS HAPPINESS?

Because happiness is a memory
it exists because at the same time
the reverse is also true

I mean this: because happiness
reminds us of happiness it pursues
us and therefore we flee from it

and vice versa, I mean this: that we
look for happiness because it
hides in our memories and

vice versa, I mean this: happiness
must exist somewhere at some time because
we remember it and it reminds us.

TOPOGRAFIE VAN MIJN GEBOORTEGROND

Ik weet niet of ze er iets toe doen
al die toevalligheden.

Zo kwam ik bijvoorbeeld ergens ter wereld
maar waarom ik, waarom daar
hoe oneindig klein was die kans

als je denkt aan dat oneindige aantal mensen
dat deze aarde nooit en nergens zal zien.
En bovendien.

Die toevallige man en die toevallige vrouw.

Zij hebben me verteld wie ik was
en waar ze me hadden gevonden
dit ben je, zeiden ze, hier ben je.

Mijn topografie is te raadselachtig
om te beschrijven, te vanzelfsprekend
voor woorden, ik ben omdat ik er ben.

Ik lees in het boek der Psalmen
hoe mooi mijn geboortegrond is.

Er moet een toevallige god zijn.

TOPOGRAPHY OF MY NATIVE SOIL

I don't know whether they are significant or not,
all these accidental things.

As, for instance, I came into the world somewhere
but why me, why there
how infinitely small that chance was

if you think of the infinite number of people
this earth will never see, never and nowhere.
And moreover.

That accidental man and that accidental woman.

They told me who I was
and where they'd found me,
you are this, they said, you are here.

My topography is too enigmatic
to describe, too evident
for words, I am because I am.

I read in the Book of Psalms
how beautiful it is, my native soil.

There must be an accidental god.

BEELD AAN ZEE

We vinden iets terug, het is niet meer
dan een scherf, een scherf van die veel te jonge
te mooie te grote god van de liefde

alsof hij brak toen onze handen loslieten

we hebben hem niet gezocht en toch
daar ligt het verdwaalde stuk van zijn gezicht
zo alsof zo alsof

om ons heen is alles hetzelfde
de wind het waaiende helmgras het witte zand
nog is het een zomer aan zee

alsof hij nu pas brak
zo levend waren nog onze herinneringen
aan hem – aan elkaar.

*Bij een beeld van Igor Mitoraj: Light of the Moon
Museum Beelden aan Zee, Scheveningen.*

SCULPTURE BY THE SEA

We find something we'd lost, it is no more
than a shard, a shard of that much too young,
too fair, too great god of love

as though he broke when our hands let go

we were not looking for him, and yet
here lies that strayed fragment of his face
so much as though, as though

nothing has changed around us
the wind, the waving marram grass, the silver sand
it is still a summer by the sea

as though it were only now he broke
so vivid still were our memories
of him, of each other.

Inspired by Igor Mitoraj's sculpture Light of the Moon.
Museum Beelden aan Zee, Scheveningen.

GANZEN

Wat bedoelde je toen je zei: diepte
dat is een woord voor wat ik nu voel – diepte

er vloog een kleine groep ganzen over,
een ijskoude glasheldere hemel in december

dat is wat ik bedoel zei je: ganzen
godvergeten hoog, hun dunne geschreeuw
wat is het, dat alleen zijn samen
dat blinde lot

weten van die diepte die we hemel noemen
het is een heel oud gevoel – een soort medelijden
ouder dan ik

ik heb dit mijn leven lang gezien en gehoord
ik heb als kind gedroomd dat ze me mee wilden nemen
ik weet nu dat ik ergens zou worden achtergelaten

we bleven kijken en luisteren.

GEESE

What did you mean when you said: depth,
that is a word for what I'm feeling now – depth

a little flock of geese was flying over,
an ice-cold, clear-as-crystal sky in December

that's what I mean you said: wild geese
godforsakenly high, their tenuous cries
what is it, that being alone together
that blind fate

to know of that depth we call the heavens
it is a very old feeling – a sort of pity
older than myself

I have seen and heard this all my life
I dreamt as a child that they would take me with them
I know now that somewhere I would have been left behind

we went on looking and listening.

TERUG NAAR DE BOERDERIJ

Toen ik begon te denken dacht ik
aan ons liggend in een weiland en
ik had weer dat onzinnige verlangen
naar de stilstaande tijd

een koe loeide maar waarom dacht ik
ze loeit alsof ze weet dat ze leeft
om te worden weggevoerd

een hond blafte toen de avond begon
te vallen maar waarom dacht ik hij blaft
alsof hij weet dat wij niet terugkomen

waarom gebeurt alles en dacht ik
alles gebeurt maar één keer en de eerste
keer is altijd de laatste

niet omdat er antwoorden zijn lag ik
naast je te vragen maar omdat we daar lagen
en ik niet terug wilde naar de boerderij.

BACK TO THE FARM

When I began to think I thought
of us lying in a meadow and
again I had that senseless wish
that time would stop

a cow lowed, but why did I think
she is lowing as if she knows she lives
only to be taken away

as evening began to fall a dog barked
but why did I think he's barking as if
he knows we are not coming back

why does everything happen and did I think
everything happens only once and the first
time is always the last

I was lying beside you asking not because there are
answers but because we were lying there
and I didn't want to go back to the farm.

TIJD

Tijd – het is vreemd, het is vreemd mooi ook
nooit te zullen weten wat het is

en toch, hoeveel van wat er in ons leeft is ouder
dan wij, hoeveel daarvan zal ons overleven

zoals een pasgeboren kind kijkt alsof het kijkt
naar iets in zichzelf, iets ziet daar
wat het meekreeg

zoals Rembrandt kijkt op de laatste portretten
van zichzelf alsof hij ziet waar hij heengaat
een verte voorbij onze ogen

het is vreemd maar ook vreemd mooi te bedenken
dat ooit niemand meer zal weten
dat we hebben geleefd

te bedenken hoe nu we leven, hoe hier
maar ook hoe niets ons leven zou zijn zonder
de echo's van de onbekende diepten in ons hoofd

niet de tijd gaat voorbij, maar jij, en ik
buiten onze gedachten is geen tijd

we stonden deze zomer op de rand van een dal
om ons heen alleen wind

TIME

Time – it is strange – it is strangely beautiful too
never to know what it is

and yet how much that lives in us is older
than we are, how much of it will outlive us

as a new-born child can look as though it is looking
at something inside itself, something it was given
to bring along with it

as Rembrandt looks in the last self-portraits
as though he can see where he is going
into a distance beyond our eyes

it is strange but strangely beautiful to reflect
that one day no one any more will know
we ever lived

to reflect on how now we live, how here
but also on how our life would be nothing without
the echoes from the unknown depths in our heads

it's not time that passes, it's you, it's I
outside our thinking there is no time

this summer we stood on the edge of a valley
around us only wind.